Nota del autor: Muchas gracias por adquirir este libro en el que intento plasmar un decálogo rápido de todo un ecosistema de ideas y pensamientos desde la visión del amor por la tierra, por ello te agradezco de todo corazón que hayas comprado este libro, y si ves conveniente que lo difundas entre tus conocid@s. Así que te invito a la reflexión constante, de lo narrado y de lo no escrito, ya que coexiste con una idea metafísica dentro del razonamiento.

Isbn: 978-84-09-20042-9
Año publicación: 2020
Nº Registro: 2020026974

Al fin y al cabo, todas las personas somos decisiones, tomadas por acontecimientos y pensamientos, pero todas las personas perseguimos un fin, un fin bueno, un sueño o una ilusión, dicho periplo lleno de aventuras y desventuras lo asimilamos al nacer. Yo soy una persona muy simple, pero muy simple, y me muevo por dos cuestiones, y una de ellas eres tú.

En ti ya he dejado mi legado para el mañana, si por algún caso desapareciera sé que viviré en ti como tu vives en mí. Desde la primera vez que nos conocimos, supe que estábamos predestinados mutuamente; me has calado hasta el tuétano de mis huesos. Otras personas han dejado su aportación, pero la sinergia contigo es total, dulce y embriagadora.

Somos eternos, por ello es vital vivir y sentir, experimentar y crecer, para hacer un mundo mejor entre todas las personas.

En este libro hablaremos sobre la cuestión del amor y la necesidad impetuosa humana de socializar.

La ceguera

Hablar desde el desconocimiento es un error habitual que todos no nos podemos permitir sin demostrar mediocridad.
El hecho de querer saber y de tener sed de conocimientos en exceso puede ser demasiado ambicioso, pero es ese el motor de los grandes soñadores.
Al igual que la historia, la historia es bueno conocerla para comprender pero nunca para juzgar y a su vez no guardar rencor ni recelo.
A veces el único impedimento de un visionario y un transformador del mundo es el resto del mundo, aunque los soñadores más grandes son los que son capaces de transformar la sociedad a su antojo y dirigir el mundo como si una mano invisible atravesara el corazón de las personas.

Sonríe

¡Sonríe chico/a!, ¡no dejes de sonreír que ahí viene la foto!, ¡sonríe, que te vean sonreír y reír, sonríe ante la muerte, sonríe ante el rico, ante la misera, sonríe!, sonríe ante los problemas ajenos y tuyos, sonríe con amor y sentimiento, sonríe aunque no haya porque sonreír, sonríe cuando estas triste, sonríe cuando lloras, sonríe cuando ames, ¡sonríe chico/a!

Sonríe con dientes blancos, amarillos, negros, podridos o sin dientes, con puentes o con postizos, dentaduras de marfil sonriendo, da igual que sean dientes de oro, plata o plomo, da igual que tu sonrisa sea tímida, maligna, tierna, dulce, agria o repugnante, sonríe, pero ¡sonríe!

No te olvides que sonreír es mejor que llorar, por eso estés bien o mal, sonríe, y ofrece tu mejor sonrisa a amigos o enemigos, siempre una sonrisa te ayuda a ti mismo más que a los demás. Sonríe al miedo. Sonríe al mañana, al pasado y al presente. Ríe el bueno, el malo y el regular, en definitiva, todas las personas sonreímos ¿y tú? ¡Sonríe!

La conspiración de la paloma.

Las palomas y su mirada de idiota, es aquella mirada perdida pero maquiavélica que siempre están, y todo lo ven, y cual idiotas ignoran o fingen no ser conocedoras de asesinatos, de tramas y todo tipo de asuntos turbios, pero en los cuales son cómplices.

Tal vez oculten algo mayor, algo más oscuro que no conocemos, se juntan en las cornisas esperando para defecar de manera alada sobre la gente, o tal vez y sólo tal vez, esperen su momento para gobernar el mundo, tal vez las multinacionales que nos roban, nos oprimen, que presionan, derrocan gobiernos y los imponen comprando medios de comunicación e influyendo en elecciones.

¿Qué traman las palomas? ¿Nos gobiernan las palomas? ¿Somos nosotros los que dejamos que nos gobiernen palomas?

Preguntas sin resolver pero que posiblemente sean totalmente ciertas... Opinen ustedes mismos/as.

Belleza

No es que sea más guapa o que tenga los ojos más bonitos o profundos, ni siquiera unos dientes o una boca perfecta... es simplemente porque te miro con amor, con pasión.

Porque cuando miro, miro, y cuando río, río y cuando gesticulo delante de ti, lo hago con dulzura y con un amor imposible de imaginar. Mis muecas son tuyas, al igual que mi corazón.

Las cosas inservibles

Una cosa que jamás antes habían necesitado, pasó a ser de primerísima necesidad.
Una visión verdaderamente real del mundo, no sustentada de mercantilismo e hipocresía surrealista.
Interesante sería que el ser humano volviera a introducirse en el mundo animal, aunque sea como mero espectador, no como destructor; ya que es un animal más, qué por suerte o desgracia se cree tocado por una gracia divina, cuando es simplemente fruto del azar y de un conjunto de acontecimientos.

Destrozando los muros

No necesitamos personas que nos paren y nos frenen.

Sé un caballo desbocado, rompe con lo típico, siente los latidos de tu corazón cuando te piden a cada latido que crezcas.

Que no te frenen, rodéate de personas que te impulsen y ayuda a los que no crean en tu grandiosidad a creer, porque tener fe es creer en algo que puede o no existir, pero creer en alguien, es confiar a valor seguro de que se esforzará si siente tu apoyo.

In

Infalible,
inviable,
insatisfecho,
inseguro,
incómodo,
inestable,
incorregible,
incompetente,
incompleto,
incansable,
indomable,
incongruente,
incansable
e inagotable.

Pobreza existencial

Seré pobre... Es más, quiero ser pobre, porque ya soy rico.
Ya que uno es rico de espíritu, de corazón y de cultura y sobre todo de amor.

Los mosquitos

Las luces de neón engañan mi mente perturbada por la noche, los destellos de la noche me absorben, me envuelven y me adormecen, simples sombras chinescas de luces, falsos amores y falsas sensaciones.

Invisible

Aquellas personas que nadie ve, aquellas personas deshumanizadas por la simple razón de ser invisibles, no importa color, quien fueses, o donde pretendas ir. Has caído, y no puedes salir, no encuentras una mano que te haga humano o una oportunidad de volver a nacer como persona, has tocado fondo y aunque no lo creas, sigues vivo. Eres una persona íntegra y fuerte venida a menos por el mundo, cuentas tus historias dramáticas como nadie se las pudiera imaginar, esas que te envuelven y tú sigues aquí, tú puedes salir de esa sin razón, una sin razón con mucha lógica, pues tus emociones y necesidades dependen de detalles minúsculos, ir poco a poco trepando y saliendo de la oscuridad, no decaigas y sigue la luz, por más tropiezos que te de la vida, tú eres un superviviente donde los haya. Si no lo consigues tu nadie puede. ¡¡Ánimo valiente!!

Lastre

El mayor peso que arrastra la sociedad actual, es el transatlántico llamado burocracia existencial, gente enquistada que sabe que nunca podrá ser expulsada, es imposible que esa persona piense en el bien común o desprenda cualquier atisbo de lucidez, entonces asume cual es su función y se funde con ella, ¿dónde queda favorecer el desarrollo de las normativas y su flexibilidad y adecuación a las personas de la calle?, personas que tienen actualmente unas necesidades que no se cubren, personas que desean crecer pero que la falta de dotación en conocimientos y en su capacidad de desarrollo como persona le imposibilita ser, debido a esta estructura pesada. Se debe dejar la oportunidad de limpiar las personas y sanear frecuentemente como si de una tubería se tratase, pues su función es canalizar igualmente. Ilusión por crear y posibilidades de ello es lo que se demanda y lo que actualmente no se ofrece.

La dureza

La vida puede ser una gran putada, una gran putada llena de purgatorios e infiernos de dante. O simplemente puede ser todo lo contrario, con los mismos problemas, con el mismo estrés agobiante de la sociedad moderna, en la cual nadie tiene hueco para las emociones compartidas, sino para saciar las de uno mismo.

Nadie dijo que nada fuera fácil, pero tampoco es plan de ser un Sísifo o un Tántalo de la vida, ni un Dionisio ni un Narciso.

Simplemente levántate todas las mañanas pensando en lo bonito del día, en la alegría de vivir, en la pasión de amar aún sin ser amado, no hay que desistir en el amor (ya sea amor por algo o amor por la vida en general), pues como dijo Pascal "el corazón conoce razones que la razón no entiende". Porque cuando estas enamorado sonríes como un idiota, aun siendo un amor febril, lascivo, pasional o platónico, simplemente no hay que cerrar la puerta al amor, porque tal vez dejes escapar lo que más podrías querer y que más amor y apoyo te podría ofrecer.

Pequeños detalles que llenan de ilusión tu vida, no obligaciones sino distensiones de las otras facetas de la vida opresoras, como son el trabajo y los estudios.

Nunca actuar con lógica en el amor, siguiendo el camino de la rectitud como predicaba Séneca, sino ofrecer una visión más abierta, más pasional, más estúpida como diría Erasmo.

Pasado pues pasado

El pasado es pasado, simplemente pasado, ya ni fango queda, se ha solidificado por completo, aunque llueva y por mucho que se humedece no empapa ni transpira. El presente y el futuro es lo que quiero vivir, no olvidando el pasado, pero si siendo consciente de que es un recuerdo más. El futuro es lo que quiero, un futuro y un presente en el que miro al horizonte al amanecer y sólo veo rayos de luz iluminando mis perplejos ojos, un horizonte naranja y amarillo, azul cielo y rojo, un horizonte junto a ti, con una sonrisa, y la tranquilidad de estar sentado junto a ti mirando el amanecer y el atardecer abrazados.

La cercanía de la certeza

La duna avanza inescrutable entre los caminos del destino. Sepultando en su ir y venir los recuerdos, con suavidad avanza cual grácil bailarina deslizándose por el escenario.
Duna caminante sin rumbo, ni intención de poseerlo, más que el propio y leve viento le proporciona.
Eres una hojita diminuta dentro de un vendaval, cual medusa en el océano llevada por la marea, avanzas hasta tu destino incierto.

Golpe

El impacto puede ser letal, tal vez no notes los efectos del golpe, pero el daño es irreversible, sangrante, poco a poco se mete por todos los entresijos de tu cuerpo, y de aquella minúscula idea albergada en tu cabeza se ha extendido por todo tu ser, hasta lo más profundo del corazón, todo por un simple cruce de miradas, una sonrisa o un simple beso que da la serenidad necesaria, como si de la mayor droga conocida se tratase.

Primavera

Ya nos hay golondrinas en movimiento en primavera,
ni mariposas monarca de norte a sur,
ya no contempló al amable gorrión revolotear sobre
el cielo primaveral cortejando a las hembras para
reproducirse.

Me aburrí de existir sin un fin por el que morir

Y entonces me aburrí, me aburrí de tal modo que la rutina me absorbió. Me aburrí del mundo, de la miseria, de la falsa empatía, de la poca tolerancia, del nihilismo sistemático, me aburrí de la hipocresía de pedir una cosa y hacer otra, de admirar lo bello y tocar lo sucio.

Me aburrí de luchar y de buscar, de dar y no recibir, de ladrar y no poder morder, de escribir y no llorar, de tapar mi rostro y mi ser... ...Simplemente me aburrí de existir, sin rumbo ni razón, deambulo por el mundo, regalando tiempo y vida a quien puede o no merecer, sin medir la cantidad dada.

Este es el egoísmo materialista que desposee a las personas de sus vidas humanas y los transforma en seres abducidos.

Juzgar

No juzgues por lo que tengo, si no por quien soy en lo más profundo de mí ser.

Y aun así no comprendería que me odiaras, simplemente porque si miras mis acciones verás nobleza, simpleza y esfuerzo por ayudar a las demás personas a crecer, pues así crezco yo también, dando sin pedir y sin juzgar.

La Mujer

No es una mujer, es la mujer que amas. Aquella que te hace parar la respiración y acelerar el corazón, te dilata las pupilas, te estremece la piel erizándola y te corre por la barriga aquella sensación de mariposas, simplemente la amas como a nadie has amado y amarás.
Es ella y tú.
Es LA MUJER de tus sueños e inspiraciones, una mujer por la que ponerse una armadura y cargar contra los molinos, cual quijote luchando por el amor de su dulcinea.

Somos red

La necesidad de socializar las personas entre sí y de amarse y crecer.
El ser humano es un animal que posee unas características intelectuales muy desarrolladas, aprendemos de todo, adaptándonos, por ejemplo en situaciones de emergencia hemos sido cuidados por manadas de lobos y hasta gorilas han cuidado de personas, esto ha provocando una realidad perpleja y es la necesidad de otra persona/ser para crecer. Sin nadie una persona no es nada ni nadie simplemente silencio y tristeza.

Pasado o Presente

La propia construcción de quien somos hoy y seremos mañana, siendo esto la propia sinergia del universo forzando una espiral infinita de nacer y morir siendo polvo cósmico.

¡Ay, De mí!, sí pudiera volver al pasado y enmendar cual hilandera zurce harapo sobre harapo hasta crear un vestido de gala los nefastos errores de mi vida. Esos errores que me pesan cual losa sobre mis pensamientos y matan mi existencia transformándola oscura y opaca, triste mi existencia por mis miserias.

Que alivio sería poder retornar y afrontar con valentía situaciones que ahora pienso que actúe cobardemente, o evitar romper un objeto apreciado, o devolver la chispa a un amor pasado que uno dejó escapar, en definitiva, esas pequeñas grandes tropelías que me llevan hoy a saber y comprender la existencia humana, y sobre todo a saber amar, dichoso el amor y sus sentimientos.

Comprensible querer retornar al pasado y revertir malos movimientos, pero sin lugar a duda jamás volvería al pasado, por mucho que sangren mis cicatrices, y me duelan en el corazón los sentimientos, sé qué y quién soy por lo que he vivido, y lo vivido nunca es olvidado, ni vendido, sino comprendido o incomprendido y superado o permanente. Soy quién soy por lo que fui ayer, y de mi depende seguir y amar, y crecer u olvidar, o morir lentamente en utopías pasadas.

Yo prefiero crecer aprendiendo de mis errores simplemente eso.

Frío

Desnudo y helado, hasta el tuétano tirito ante mi desnudez frente este mundo incomprensible.

Naturalmente humanos

La naturaleza del humano. No comprendo aquellas personas que dicen y predican lo mucho que deben quererse a sí mismos/as, algo que parece lógico, pero es totalmente anti natura, ya que el ser humano no consiguió evolucionar siendo un ser aislado, sino empático, entregado y sobre todo social.

Es imprescindible saber que no somos nadie, si no hay nadie para vernos.

¿Cómo piensas crecer sin poder relacionarte con otro humano? ¿Como puedes amar si no sientes amor por otra persona?

No está bien tener falsas prebendas sobre lo que uno se quiere a sí mismo, cuando en realidad esa persona sólo le vale el valor que otros ojos le asignan. Cierto es que hay que quererse uno mismo, lo suficiente como para saber que puedes conseguir lo que quieras sin necesidad de que nadie nos diga nada ni nos apoye, pero para crecer es mejor compartir y amar, nunca viene mal un sentimiento de reconocimiento o apoyo social.

Hay que quererse lo suficiente para saber el punto en el que te transformas en un ególatra narcisista.

Busca el reconocimiento de la gente a la que amas y demuéstrale lo que ella también vale. Que hay mejor que compartir el corazón, por daño que te hagan, siempre serán mayores las alegrías que las tristezas.

Amate y ama a los/as demás.

Fin del desierto

Bueno, ya puedo decir que se acabó mi caminar por el desierto. Me he confundido con muchos tipos de espejismos, pero siempre oyendo ecos, que me sonaban a tiempos mejores, pero que alguno de ellos se materializa y deja atrás el fino velo de los sueños y la realidad, creando una silueta divina e impulsora de vida...
En el desierto hay espejismos, pero nunca decaigas y encontrarás tu verdadero oasis.

Curiosidades mundanales

El mundo no es nuestro, es prestado y hay que devolverlo al terminar el servicio. Igual o mejor que lo has encontrado.

¿Hay una palabra para aquellas personas que ven algo positivo y destrozan el mensaje para modificarlo a sus propios intereses?
Lo peor de todo es que se lo creen con tal certeza que son capaces de difundirla con fervor.

El único problema de las personas que quieren cambiar el mundo, es el resto del mundo.

La curiosidad no mató al gato, lo mató la ignorancia y el atrevimiento sin prudencia.

La curiosidad en el siglo XXI se sacia delante de una pantalla.

Perdiendo la identidad

Se miraron fijamente y mientras le caía una lágrima dijo "no puedo recordar nada de quién era".

Su amigo salió de la sala y se dijo a si mismo mirando al cielo "qué asco la existencia humana y más aún el mundo en el que vivimos, hoy lo he mirado y no he logrado ver ni un pequeño atisbo de quien era, no se merecía esto, él era una estrella y no un meteorito, ¿dónde quedará su recuerdo?, ¿quién fue y todo lo que hizo?".

Mientras tanto en la habitación piensa en su desdicha y en la impotencia de no recordar que en su interior hay una chispa única transformadora de mundos. No le queda ilusión, ni luz para siquiera escribir sobre sus recuerdos. Se apagan los focos, llora sin consuelo y se baja el telón.

Miedo...al miedo

Miedo a perderos, miedo a perder a quién uno ama, es el enlace con la vida, el amor que se procesa, si hay algún dios, se le dan las gracias por ello, y al mismo tiempo se maldice por hacernos preso de este sentimiento de amor y miedo a perderos.

Porque algún día nos separaremos, tarde o temprano, ese anhelo de no veros da miedo, miedo a la pérdida, miedo a no ver esas miradas de amor incondicional, esos momentos en los que el tiempo se esfuma como la ilusión de una quinceañera cuando se entera que su novio no la ama como ella ama. Ese sentimiento, esa mirada de querer parar el tiempo para preservar ese momento eternamente.

Miedo, miedo a la pérdida, un miedo que no debe caber en las personas, pues esos momentos maravillosos no se repetirán, pero si quedarán en la memoria de las personas que las sienten, eso es lo importante, llenar a las otras personas y ser feliz junto a ellas, y así ese momento será eterno y bucólico, pero eterno, totalmente eterno en ti y en las personas que amas.

¿Quién no comprende tanto amor?

¿Quién no comprende tanto amor? Tu mirada limpia y pura, esa mirada cargada de ilusión y felicidad, de inocencia y belleza, el mundo nace cada vez que abres tus párpados y creas luz con tu mirada. Eres el ser más bonito que mi alma pueda ver, tanto amor para un corazón tan grande, tan grande como más allá de los límites del universo, y más allá que todas las estrellas juntas, más allá de la vida y la muerte.

Besar la lona

Al igual que el boxeo, la vida es un continuo recibir golpes constantemente, la única diferencia es saber encajar los golpes y saber gestionarlos, por mucho que uno caiga redondo al suelo, hay que volver a levantarse.
Una dura batalla de resistencia espartana. Así es la vida, dura pero bella y eso es lo que merece la pena, luchar una y mil veces sin importar las veces que uno caiga.

Política contradictoria

Ojo, en el mundo que vivimos no hay personas de izquierdas, simplemente disfrazadas de izquierdas. ¿Dónde está la fraternidad, donde está el altruismo, donde está la igual entre mujeres y hombres, entre culturas, entre religiones y regiones, entre clases sociales y educación?
No seamos hipócritas, vivimos en un sistema global avaricioso donde prima el odio, el miedo, el machismo, la intolerancia, la intransigencia y la estupidez.
Piensa globalmente actúa localmente, y siempre con un pensamiento crítico, todo es mentira y verdad a la vez, pero sobre todo ningún futuro es cierto ni incierto, somos dueños/as de nuestro destino y el mundo es tan grande como tú quieras que sea.

La impotencia de intentarlo

La frustración de las personas que valen la pena en un mundo lleno de mediocres triunfadores, la sociedad en la que vivimos no discierne de manera clara la capacidad de éxito.
El éxito no se mide por los estudios, ni por el mérito otorgado por las otras personas, simplemente el éxito no se mide, es mejor ser pobre, que nadie te respete, pero conservar tu dignidad intacta en lugar de un hipócrita sin conocimiento alguno aunque utilices frases de otras personas o logra grandes méritos en la vida sin tener ni la más remota idea de nada, ya sea mediante títulos o puestos profesionales. No entres en esas banalidades y se limpio/a, no tengas envidia del éxito ajeno, ve siempre con la cabeza bien alta, ni decaigas o te decepciones contigo mismo o el mundo.
Pues tu eres tú, y eres único/a.

Conclusiones casi divinas

En los tiempos que corren, ser idiota y hablar, es ser un nuevo mesías.

No tengo una casa, no tengo coche, No tengo dinero, no tengo ropa cara, no tengo la mejor tecnología, no tengo zapatos, no tengo comida, no tengo salud, no tengo educación, no tengo religión, no tengo país, pero si tengo tu amor.

La constancia del guerrero

No hay momento para agachar la cabeza, no hay momento para pensar en ¿y sí pudo haber sido y no fue?, no es momento de arrepentirse del pasado, pues del pasado se aprende tanto si es positivo o negativo, son vivencias que nos hacen más fuertes.

¡Lánzate a por tus sueños! Ningún momento es el adecuado y ninguna ocasión es la ideal, pero es peor hundirse y dejarse llevar o siente la llamada a luchar persiguiendo un sueño, un sueño que no será fácil, ni rápido, pero del que debemos aprender a sobreponernos y seguir adelante, como un corredor rompe la lluvia a su paso y se lanza a por la victoria con la mayor de las rabias acumuladas por todo el esfuerzo acumulado. Rompe la lluvia y lánzate a la victoria, levántate y sigue, no decaigas nunca, piensa y reflexiona. Hundirse en uno mismo no es ninguna solución, siempre hay algo por lo que vivir y luchar.

¿Tú?

Estás tú.
¿Quién creen que eres?
¿Quién esperan que seas?
¿Quién fuiste?
¿Quién deberías ser?
¿Quién quieres ser?
¿Y quién serás?
Si eres capaz de identificarte y conocerte en todas estas posiciones, de verdad sabrás quién eres y superar cualquier adversidad.

Puntos de vista

La verdad es como el arte, cada persona la ve a su manera y la interpreta como puede.

Un claro ejemplo son los/as pintores/as que son capaces de plasmar según su estilo.
Si hay dos pintores/as, uno/a de cubismo y otro/a de realismo, y una misma fotografía que retratar, cada cual la hará a su manera, y no se parecerán en nada, porque cada uno lo ve de una forma, pero al fin al cabo el mensaje final es el mismo.
Extrapola este ejemplo al poder, ideología, religión o a lo que quieras, pero al fin y al cabo todas las personas tenemos parte de razón, y de mentira en nuestras afirmaciones.

Fuerza vs Flaqueza

Cuando te flaqueen las fuerzas. No te rindas, ¡lucha!, ¡dalo todo!, es probable que estés más cerca de lo crees de tu objetivo.

Disfruta con tu sufrimiento, solo así verás como la recompensa por efímera que sea, será eterna para ti, pues es tu "Val-halla", tu cielo, tu nirvana.
No tengas miedo en pedir ayuda.
Tanto has luchado, sin importarte las veces que has caído al suelo y te has desecho, y recuérdalo, para que no lo veas con miedo, sino con orgullo, orgullo de crear tu propia historia, una historia que continúa, y debes hacer más épica, una historia que estás escribiendo en cada segundo, lucha por lo que deseas, por la gente que quieres y amas, por todo tu ser recorre la sed de éxitos, es el momento de no hundirse y no de retroceder, retroceder un poco para coger más carrerilla es para lo único que está permitido ir hacia atrás.
¡Lánzate hacia tu sueño! Pues aunque no lo veas está ahí, por pequeño o grande que seas debes de alcanzarlo, solo así entrarás en la historia como una leyenda, por pequeño que sea tu sueño, es tu sueño, no lo olvides,
¡tu sueño!

Amor es amor

El amor que siento por los animales, la flora y el planeta.
El amor que siento por la naturaleza.
El amor que siento por la libertad.
El amor que siento por la pasión de amar.
El amor que siento por la fraternidad entre las personas.
El amor que siento por mi familia y mis conocidos/as.
El amor que siento platónico.
El amor que siento lascivo o lujurioso.
El amor que siento por hacer el camino hacia el sueño que persigo.
El amor que siento por la felicidad ajena.
El amor que siento por ayudar a la gente.
El amor que siento por las pequeñas cosas y las grandes.
El amor que siento por rabia o cobardía.
El amor que siento por simplemente amor.
Amor por amor es igual a amor y felicidad, con penas y alegrías, pero felicidad completa.

No pienso, ni quiero pensar

No pienso en las diferentes ideologías, no pienso en las fronteras, no pienso en la insolidaridad, ni mucho menos pienso en la desunión o traición, pero políticamente hablando hay personas que les importa una mierda las personas, y mucho menos la subsistencia de la vida, así lo expresan, lo dicen y lo vociferan, lo peor de todo es que se creen la mierda que dicen, en definitiva, son personas que la boca les huele a mierda, ayer, hoy y mañana.
Sólo se espera que las personas que creemos firmemente en la humanidad seamos capaces de seguir al frente y dando la cara.

Discurso hacia los/as demás

¡E aquí que veo a mi madre,
A mi padre, a mis hijos e hijas, a mi pareja,
A mis hermanos y hermanas,
A toda mi familia y amigos/as!
Por ella defiendo mis principios y mis valores.
Unos valores basados en el amor, la honradez y la entrega incansable de hacer un mundo mejor.
Por eso estoy aquí. En pie, cansado/a, pero en pie, luchando incansablemente por la pasión más primaria que alberga un ser racional.
La libertad y la fraternidad basada en el amor, y en la sed incansable de aprender, puesto que la justicia nunca es justa.

Conclusiones y Reflexiones

Siempre es motivo de alegría la desgracia ajena.

Quien siembra vientos, al final el huracán se lo lleva.

Aquí termina mi parte de este compendio de fragmentos de textos cuyo fin es realizar, aliviar y empatizar con el mundo en general.
Por eso te pido que plantees tu punto de vista e intentes analizar y dar tu respuesta a cada uno de los textos, así analizándote a ti mismo/a, y podrás encontrar soluciones a tus problemas.

Aquí te dejo las primeras hojas para tus análisis ,si
te faltan hojas coge un cuaderno.

www.ingramcontent.com/pod-product-compliance
Lightning Source LLC
LaVergne TN
LVHW090027180726
843489LV00008B/3039